La imperfección del deseo

MUSEO SALVAJE

Colección de poesía

———————————————

Poetry Collection

WILD MUSEUM

Adrián Cadavid

LA IMPERFECCIÓN DEL DESEO

Prólogo
Pedro Arturo Estrada

Nueva York Poetry Press®

Nueva York Poetry Press LLC
128 Madison Avenue, Oficina 2RS
New York, NY 10016, USA
Teléfono: +1(929)354-7778
nuevayork.poetrypress@gmail.com
www.nuevayorkpoetrypress.com

La imperfección del deseo
© 2018 Adrián Cadavid

© Prólogo: Pedro Arturo Estrada
© Contratapa: Fredy Yezzed

ISBN-13: 978-1-7320736-9-2
ISBN-10: 1-7320736-9-4

© Colección *Museo Salvaje vol. 1*
(Homenaje a Olga Orozco)

© Concepto de colección y edición:
Marisa Russo

© Diseño de colección y cubierta:
William Velásquez Vásquez

© Fotografía de portada:
Jorge Camargo
camargojorge21@gmail.com

Cadavid, Adrián
La imperfección del deseo/ Adrián Cadavid. 1a edi-- New York: Nueva York Poetry
Press, 2018. 102p. 5.25 x 8 inches

1. Poesía colombiana. 2. Poesía sudamericana. 3. Literatura latinoamericana.

Impreso en los Estados Unidos de América

La imperfección del deseo

No todo era gris, de camino a casa por la avenida Woodside encontré el manzano desnudo con dos frutos tardíos. Fotografié unas rosas blancas y un par de ardillas. Hungría, deseaba hacer de esta lluvia un motivo, aunque Nueva York no fuese París.

ADRIÁN CADAVID

Deseo que permanece como deseo, según René Char, es la escritura, el poema que apenas insinúa lo imposible, su objeto efímero y recurrente a la vez en el corazón humano. Deseo que afirma esa escritura cuanto menos asible su objeto, cuanto más irrealizable aparece.

Textos brevísimos, intensos, aparentemente sencillos pero plenos de sugerencias ocultas, poemas en prosa a manera de cartas imaginarias son los que componen este libro. Textos que dan cuenta de una soledad mucho más basta y profunda, un desasimiento, un irrealizado encuentro con el amor, el abrazo siempre aplazado que sólo las palabras alcanzan.

Desde el frío, la soledad de los días en una Nueva York aún mítica para muchos, estos apuntes mínimos se dirigen a una mujer llamada Hungría, al otro lado del mundo, una mujer quizá inútilmente idealizada, para quien el poeta rescata durante semanas, esas señales de resistencia, de secreta dulzura y belleza ante el extrañamiento íntimo, como fragmentos de un mundo de suyo también inasible y efímero.

Por el tono de confidencia desolada, constatación dolorosa de la ínfima existencia que un humano cualquiera de nuestro tiempo puede sobrellevar en esa anonimia gris de fondo, un lector común podría pensar que en estos textos faltaría tal vez, un poco o mucho de luz, y quizá, la alegría satisfecha de quien estando allí, en la ciudad más febril y multifacética del mundo, tendría sólo que celebrar exultante, el movimiento vertiginoso, el resplandor nocturno de sus edificios, el ritmo, la fastuosidad y elegancia de sus calles. Y no es así de fácil puesto que desde el comienzo, estas pocas páginas nos descubren y nos enfrentan a otra realidad. Probablemente la más cercana y verdadera de todas, aquella en la que deriva sin pena ni gloria nuestra vida de siempre, aguardando una improbable redención por amor, belleza o simple aceptación:

Me ha invadido la sensación de pérdida de lo que nunca he poseído. El espacio entre las camas, donde antes había una silla, amaneció desnudo. Sosegué las dolencias con un baño de agua caliente, recordé que ya no será necesario un nuevo diluvio. (…) Todos estamos expuestos al suicidio dominical, a la simulación de la calma.

Encontramos detrás de todo esto el rostro y el alma de un hombre sin otra pretensión que la de mantener un nexo, un vínculo con la trascendencia, en este caso, representada en Hungría, la mujer quizá imaginaria, inventada, la destinataria del sueño que, como toda musa, acabará haciéndose omnipresente cual diosa, o dulcinea de todo quijote de la vida: Hungría, la "Deshabitada, extraviada, olvidada, difusa, reinventada, lineal, terrenal, amnésica, difuminada, insustituible", es, puede ser también la propia poesía para quien sobrevivimos, aferrados, ilusos:

Que la realidad despierta sea igual que nuestra realidad dormida.
Luna habitada.

Siempre tuyo,
Anónimo.

Poesía que admite, además, otras caras, otros cuerpos, otras mujeres porque ella está presente en todas. Así, el poeta va encontrando a lo largo de las semanas, compañías efímeras que por lo pronto son un anticipo de la Hungría que vendrá, la Hungría prometida, pero a la que jamás sustituirán completamente:

En la imperfección del deseo tenía una cita con otra piel. Para el día de hoy habrían transcurrido diez y seis días después de esta. Amanda, la chica con la que había concertado el encuentro, era alta, medía cinco pies con ocho pulgadas, curvilínea de tez blanca y ojos claros.

La imperfección del deseo permite, más allá del juego entre la posesión y la pérdida, lo ideal y lo prosaico, lo trascendente que se esconde en lo banal, también expresa todavía, legítimamente, un anhelo siempre insaciable de belleza última, de transfiguración que de pronto salta y enciende las propias palabras:

¡Tengo urgencia de mí!
Son las seis y treinta y nueve de la tarde.
Las coincidencias radican en los seres que han pululado hoy.
Licor perlado, almizcle, soy un animal extraído de mi propio bien de mi propio mal. El fuego lento de los carbones me consume. Me hago ceniza bajo las cenizas.
Sé que hay otras formas de fuego que relucen, flamean con vitalidad y se expanden.

Quiero ser abrasado y resurgir.

En Adrián Cadavid nos hallamos ante una voz indudablemente auténtica, sincera, reconocible entre el paisaje multivario de voces que caracteriza el panorama actual de la poesía en Nueva York y aun del ámbito hispano. Una voz que tiene a su favor la sobriedad de su tono, el gusto por la palabra próxima a la experiencia, al decir cotidiano sin impostaciones retoricistas; voz propia de quien ante todo, busca expresar lo vivido sin afectaciones, sin excesos, sin explayamientos innecesarios.

PEDRO ARTURO ESTRADA
Medellín, febrero de 2018

A mi hijo Jacobo Cadavid

A mis padres María Luisa Muñoz y
Luis Guillermo Cadavid

A mis hermanas Salomé y
Laura Cadavid Muñoz

¿Qué tengo para decirte
cuando nos encontremos?
Sin embargo— estoy acá,
pensando en vos.

WILLIAM CARLOS WILLIAMS

Noviembre…

Querida Hungría,

Ahí estamos de nuevo a la espera por el invierno, aunque el frío ya no es como el de antes, como cuando recién llegué.

Hay elecciones presidenciales. La política no es de mi agrado, es una trivialidad para mí; y bien lo sabes que hasta las hormigas que se comen las migajas me gobiernan.

Ya han transcurrido dos semanas desde que mamá regreso a casa.

Volviendo a las hormigas recuerdo el jardín de la casa de los abuelos, yo con mi maldad infantil inundaba sus hormigueros. Te confieso algo, en mi curiosidad un día me comí un par de estas y sabían a mentol. Se me ha dibujado una imagen de tu rostro burlándote de mí.

El abuelo en la pesadez de los años ya cuenta con ochenta y tres, muy erguido el hombre es un estandarte, ahora escucha lento.

De mi padre te puedo contar que manejamos una distancia que hace daño; de los tres yo soy el más cercano a él. Lo han devastado los cincuenta y pico.

He heredado una promesa solícita del arte y mi hijo tiene todo ese entendimiento. Anda todo amoroso precipitado a la carne debe ser la edad por la que todos pasamos y de mayores indultamos.

Mucho que decir en tan pocas palabras. Todo ha sido algo somero, espero escribirte pronto.

Aquí sucede tanto que nada sucede.

Siempre tuyo,

Anónimo

Extraña Hungría,

Es pronto, solo ha transcurrido un día.

Han cambiado las reglas del juego. Los martes ahora tienen una connotación de viernes. El trabajo me ha mantenido atrapado por los últimos años.

En la obstinación quien más que vos me puede conocer. Libertad recalcitrante. No haré más queja por ahora.

En dos días visitaré al doctor, tengo encarnada la uña del pie izquierdo.

En la imperfección del deseo tenía una cita con otra piel. Para el día de hoy habrían trascurrido diez y seis días después de esta.

Amanda, la chica con la que había concertado el encuentro, era alta, medía cinco pies con ocho pulgadas, curvilínea de tez blanca y ojos claros.

Hasta voy adaptándome a las medidas de este país que hoy día elegirá uno de los dos candidatos (el menos malo) como presidente que les gobernará.

Y vuelvo con el punzante tema. Retornemos a los cuerpos semidesnudos sobre todo al de Amanda. Es jueves, son las siete y treinta y nueve de la noche, hay una temperatura de cuarenta y ocho grados Fahrenheit, y un olor a llovizna próxima.

¡Que ocurrencias!

Hungría, los besos comprados hielan de tal modo que también arden.

Para el domingo las aceras rebosaban de hojas color ocre y los árboles desnudaban su torso.

Vos y tu fe adscrita a congregaciones. Por favor, pedí que cese la contrariedad y, más que la contrariedad, que mi espíritu cambie de apariencia.

El santo lo improvisaremos y la santa la desnudaré.

Te escribo pronto, no a la margen de un día.

Siempre tuyo,

Anónimo.

Mi próxima Hungría,

¡Tengo urgencia de mí!
Seis y treinta y nueve de la tarde.
Las coincidencias radican en los seres que han pululado hoy.
Licor perlado, almizcle, soy un animal extraído de mi propio bien de mi propio mal.
El fuego lento de los carbones me consume. Me hago ceniza bajo las cenizas.
Sé que hay otras formas de fuego que relucen, flamean con vitalidad y se expanden.
Quiero ser abrasado y resurgir.
Hazme un favor, a la perpetuidad añádele este día.
Soy deceso, soy vigor, soy espejismo.
Luz ciega que me guías y yo he echado al olvido mi espíritu.
Esta necesidad de fundir palabras en tus ojos.
La noche es el precipicio. El día es una pared blanca. Y tú, Hungría, dime quien soy.

Siempre tuyo,

Anónimo.

NUEVA YORK, 10 DE NOVIMEBRE DE 2016

Por demás, Hungría:

Hoy llueve. Llevo un cuervo gris en el pecho.
No he dejado de pedirme auxilio. La indiferencia suscita una muralla.
Extracción de sangre en cuatro tubos. La chica del laboratorio era de una pálida simpatía.
Hungría, ¿qué es el miedo? Decime vos que llevas garras bajo las faldas.
De vuelta del laboratorio, hallé un narciso que me recordó el ave que escuchamos aquella mañana.
Intenté comer unos arándanos sin fortuna alguna. El café fue lo único que dio fin al ayuno.
No todo era gris, de camino a casa por la avenida Woodside encontré el manzano desnudo con dos frutos tardíos. Fotografié unas rosas blancas y un par de ardillas.
Hungría, deseaba hacer de esta lluvia un motivo, aunque Nueva York no fuese Paris.

Siempre tuyo,

Anónimo.

Desatada Hungría,

Nueve y cuarenta y siete de la noche. Soy padre egoísta, soy hijo egoísta. "De olvido vivo, de olvido muero como planta en jardín olvidado". ¡Pido un corazón caliente! Hungría, se me ha olvidado *pedir*. Ruega vos por mí.

Siempre tuyo,

Anónimo.

Ensoñada Hungría,

La aurora apareció de un tajo.
Mis ojos se habían quedado atrapados en el sueño. El reloj de alarma nunca sonó.
Cada mañana soy menos yo. Mis parpados refutan el paraíso y mis pestañas son un ramillete de historias.
Anoche en un sueño conocí una mujer española; le acompañaban sus padres y dos jóvenes más.
¡Qué mejor forma de curiosear, sin prejuicios, en los sueños!
Mi padre y yo pescábamos en el puente sobre el río Porce. Nos encontrábamos en la parte norte del río; la vista hacia al sur se veía interrumpida por un pequeño relieve, arbustos amontonados y un mediano sauce.
En mi cuarto lance sentí un jalón, apuntalé mi caña y comencé a recobrar el cordel. De repente, se oyó un grito desde la otra orilla: "Llevas tu cordel enredado con el mío". Era la chica de acento gracioso. Su voz hizo eco de las montañas.
La mujer subió por una playa de piedras y arena.
Desenredamos los cordeles, ella hizo un par de lances enfrente de nosotros y pescó una sabaleta de buen tamaño. Su boca y su acento fueron desapareciendo. La aurora me iluminó de un tajo. El reloj de alarma se había quedado dormido.

Seis y veintiocho de la mañana.

Escribiré pronto por si algo ocurre entre la realidad y el deseo.

Siempre tuyo,

Anónimo.

Nocturna Hungría,

Soy de corazón fácil y de cuerpo alegre.
De la distancia que guarda la memoria, mi última curda fue en cama ajena.
El día está inmóvil, el viento reposa sobre la banca del parque, las banderas están a media asta.
Hotel Q. Y un invierno corto.
Hoy, Hungría, hazte la muda si todo lo vieses.

Siempre tuyo,

Anónimo.

Extensa Hungría,

Te ofrezco mis palabras, porque a tu edad el murmullo del río no es mal presagio.

La ausencia de cafeína la definiremos como jaqueca por defecto o costumbre.

Los sábados descanso de vos y me aterra hablar solo con este otoño infantil.

Sirena que emerges de los mares de Siberia en los veranos largos de mi deshielo.

Hablo de ti conmigo y el desvelo me golpea los riñones.

¡Cuánta música hay olvidada en tus ojos!

Siempre tuyo,

Anónimo.

Mi proporcional Hungría,

He comenzado a encanecer justo en los costados del rostro, el poco vello parece de un extraño.

Cuanto desee en mi adolescencia una barba abundante y ahora pasados los treinta hay un breve disimulo.

A veces siento que la culpa es como una gran amante y vos Hungría, parecieres ser lo mismo.

Lo grito frente al espejo y los vellos relucen a contraluz.

Lo particular de los viernes es que siempre son fríos en el interior de mis cuadros.

Los suéteres son lo de menos, hay más de una docena finamente acomodados en el closet.

Si vieras que las canas no me preocupan como la tos que tengo hace un par de semanas.

De las conquistas me río, porque mi hijo en eso se parece a mí.

Los años me prenden fuego, y lo sé.

Siempre tuyo,

Anónimo.

Solitaria Hungría,

Me ha invadido la sensación de pérdida de lo que nunca he poseído.

El espacio entre las camas, donde antes había una silla, amaneció desnudo.

Sosegué las dolencias con un baño de agua caliente, recordé que ya no será necesario un nuevo diluvio.

Hungría, algo le falta a la mañana y no son nuestros cuerpos.

Los asilos están llenos de niñez.

Todos estamos expuestos al suicidio dominical, a la simulación de la calma.

Pasada la media tarde volveré a escribirte, si es que no lo hago nunca.

Tuyo,

Anónimo.

Inventada Hungría,

Esta fina línea entre el espasmo y el verbo es una mujer de tacón alto y perfume sugestivo.
Puedes interpelar, es casi un derecho universal.
Desde que finjo esta soledad aprendí a sentir con los ojos y todo en ella va en contradicción.
No puedo negar el pálpito en la entrepierna, el fragor de ese deseo del cuerpo.
Es patético, puede ser el hervor o el principio básico.
Arremete mi voz inaguantable, el tren sobre sus fierros, el clap de la filtración del agua.
Me dolían los cuerpos y temía esperar.
Pero vos, Hungría, espérame.

Siempre tuyo,

Anónimo

Inmersa Hungría,

Turista de mi propia alma.
Hay una chica con la cual no deseo ser prudente y la barca
se encuentra lejos del puerto.
Qué complicidad, querida mía, sin la necesidad de ser.
Me falta el fornicio.

Siempre tuyo,

Anónimo.

Mi fantasmal Hungría,

Que la realidad despierta sea igual que nuestra realidad dormida.
Luna habitada.

Siempre tuyo,

Anónimo.

Nueva York, 20 de noviembre de 2016

Hambrienta Hungría,

Está diluviando.
Te escribo bajo la premisa de un hombre cansado.
Extrema dureza, piel del ego.
Los faros de los coches iluminan a los transeúntes.
La música humedece las hojas amarillas, y yo me incinero.
El erotismo pospuesto enciende una vela.
Pero vos, Hungría, devórame desnuda,
sin paraguas.

Siempre tuyo,

Anónimo.

NUEVA YORK, 21 DE NOVIEMBRE DE 2016

Hungría,

Sos la presencia estéril de una necesidad inerte.

Anónimo.

NUEVA YORK, 22 DE NOVIEMBRE DE 2016

Atormentada Hungría,

La inseguridad se viste de finas ropas:
Ojalá pudieses ver el lagrimal reseco.
Hungría, cuando dejes de ser yo…
Sálvame de las juventudes blandas.
Sálvame de mí.

Siempre tuyo,

Anónimo.

Incrédula Hungría,

Mi imagen.
En un rostro, en un cuadro.
En una edad, en un sexo.
En la ciudad, en el campo.
En el día, en la noche.
En los ríos, en los mares.
En lo limpio, en lo nublado.
En el glamour, en los harapos.
En lo real, en lo imaginario
      En la belleza, en la melancolía.

Aquí no hay invierno ni verano:
Solo ojos que sienten palabras.

Siempre tuyo,

Anónimo

Blanca Hungría,

Somos ángeles inconclusos.
Mi hijo me necesita, mi madre lo calla, mi padre lo disimula, mis hermanas no son ajenas.

Necesito creer en Dios, que salga de mí y que vuelva a mí.

Siempre tuyo,

Anónimo.

Aparecida Hungría,

Hay historias que se han distraído con el tiempo, nombrarlas es un buen presagio.

Esta mundanal idea de ser artista. Soy la voluptuosidad nula en la práctica de algún arte.

La tos me ha permitido una resonancia del pensamiento.

Es un malestar así de simple: mi espalda está reseca y mis manos no alcanzan para humectarla.

Hungría, ¿y si dejamos de sentir de la piel para afuera?

Siempre tuyo,

Anónimo.

Imprescindible Hungría,

¿Hay una palabra clave?
¿Cómo abarcamos la mudez?
¿En qué labios fijamos nuestra mirada?
Hungría… estas cartas no son tuyas.
Imagino tus pies escondidos en las baletas rojas.
Todo en lo que creo, puede ser quizás.

Siempre tuyo,

Anónimo.

Fugaz Hungría,

Todo lo hallo remoto.
Mi espalda incandescente repele todo roce humano.
Entono un canto y disperso la violencia del momento.
En una estación de tren llueve anhelo.
He llegado a deducir que mi tos es nerviosa.
Vos y yo somos producto de la imaginación.

Siempre tuyo,

Anónimo.

Soñada Hungría,

Cuerpos y un mismo túnel.
Están desiertos los ojos de los caminantes.
Los días atareados son en mí una necesidad.
Recurrente temor al tiempo desatado de presiones.
Mi pasado es el punto de llegada inmóvil, las rutas trocadas,
diversas formas de llegar.

Siempre tuyo,

Anónimo.

Mi graciosa Hungría

Tres copas y me pase de recuerdos.

Creo que mi conciencia son mis pies porque me duelen.

Me pesan las cuarenta y ocho horas libres sin libertad, veinte durmiendo, segundos soñando y en estos un sexo que no era el tuyo.

Te soñaré esta noche. Entre vos y yo las promesas son válidas.

Soy sincero, la realidad pertenece a pocos.

Siempre tuyo,

Anónimo.

NUEVA YORK, 30 DE NOVIEMBRE DE 2016

Te presiento Hungría,

Escribiré sobre tus muslos, mi diamante de Gould,
escribiré sobre vos.
Todo para saberme que existo.
No oigo tu frío.

Siempre tuyo,

Anónimo.

Diciembre…

Callada Hungría,

El silencio se está entonando, me macera y mis piernas y mis pies se quejan.
Creo que como demasiada carne roja y esto me afecta el ácido úrico.
Casi estoy en los cuarenta y las heladas formas del placer no son precisamente de hielo.
La velocidad de la luz es un simple interruptor.
Hermético y materialista, la soledad es *glamour*.

Siempre tuyo,

Anónimo.

Anónima Hungría,

Tenía una promesa con una amiga, que si llegábamos a los cuarenta solos nos iríamos a vivir juntos. Ahora mismo ella se encuentra embarazada y te repito: yo estoy casi en los cuarenta.

Hungría, cada vez más tu reflejo en el espejo se parece a mí.

Y nos es casualidad que estemos aquí sino por invención.

No deseo el heroísmo, para mí la realidad es trasmutable.

Anoche el cansancio me absorbió la sangre. Está pendiente soñarte.

Siempre tuyo,

Anónimo.

Cíclica Hungría,

Esta temporada aparenta ser corta.
Estoy en busca de una amante o una lengua que bautice.
"El Corazón, si pudiese pensar, se pararía", dijo Pessoa.
Hungría, esta noche no podré desnudar el sueño, hace frío,
arrópame las ganas.
Decirte que hiela será recurrente hasta mayo.
Dejemos la tragedia y las luminarias.
No malogro saber que es tu piel morena quien envuelto me
tiene.
Este crepúsculo serás otra.

Siempre tuyo,

Anónimo.

Difusa Hungría,

La incipiente felicidad de algunos me da náuseas, la parsimonia, también.
Desfile de emociones, hoy me siento mordaz y voluptuoso al mismo tiempo.
Ay, querida mía, en mi cabeza revuelta hasta te propondría matrimonio.
Al decirnos que seremos una misma carne, ¿de qué me salva tu compañía?
Huye con la intención de ser alcanzada. Necesidad de todo lo que no es vital.
"El temor a la soledad es más fuerte que el temor a la servidumbre", me dijo Cyril Connolly.

A veces tuyo,

Anónimo.

Olvidada Hungría,

Acompáñame, caminar nos hará bien. El día está transparente.
Las gaviotas persisten, hay un sol motivador y un cielo disuelto.
Amnésico, hay una luz sin fuerza, sé que es mi habitación por el ruido del tren.
En mi cuerpo cabe la posibilidad de la virtud y en el tuyo, el de la gracia.
El cielo se obstina traslucido. Se ilumina la noche. A lo lejos te adivino.
"Mi ambición está limitada por mi pereza", escucho la carcajada de Bukowski.

Siempre tuyo,

Anónimo.

NUEVA YORK, 6 DE DICIEMBRE DE 2016

Afectuosa Hungría,

¿Dónde estoy que no te encuentro?
Cuando me siento inerme, sonrío y me da migraña.
Tiendo a comunicar el espacio vacío.

Cinco y treinta y cinco de la mañana:
Las ilusiones vagan por los senderos del éxtasis.
Evadir señales, proponerse uno mismo la tregua.
Pese a las conjeturas del tiempo, doy una espera.
No se aguarda el amor con palabras
 ni la muerte en la cama.

Siempre tuyo,

Anónimo.

Extraviada Hungría,

Ensimismado.
Las cartas sobre la mesa, un sobretodo en el perchero.
Todos me dicen que afuera puedo encontrarte, que aquí no llegarás.
¿Acaso mis indicaciones no te han sido suficientes?
     Respiro, te inhalo.
Humedezco mis manos con el deseo de saber que existes.
Queridísima de la cuarentena amorosa, despertemos el celo.
Hay un animal afuera que ni se compara con el que llevamos dentro.
En la flexibilidad del ser. En la rigidez del ego.
Te encuentro. Me encuentro.

Siempre tuyo,

Anónimo.

Lineal Hungría,

Una flor de cala amarilla, una cerveza roja, te dan la razón.
Es una voz suave al otro lado de la línea.
Ciertas veces no sé lo que quiero en realidad.
Y vos Hungría, sos ocasional, sos arritmia.
Yo tan subliminal como el saber que se tiene un plan.
El desvivir se convierte en un vicio y me siento seco, rutinario.
Hoy huele a la aureola de tus senos. Hoy me siento pasional.
De tus lóbulos penden aretes de plumas, de tu sonrisa pende mi humor.
En la invisibilidad del aire se encuentra el perfume de tu sexo.
12:28 p.m.   Voy por la quinta cerveza y me juzga la hora.
        Es mediodía, no medianoche.

        Siempre tuyo,

                Anónimo.

NUEVA YORK, 9 DE DICIEMBRE DE 2016

Insaciable Hungría,

La quinta cerveza era la última en el refrigerador.
Te invito a bailar bajo un cielo lujurioso.
La calle es una comedia en la cual los desahuciados lloran.
En esta ciudad todo tiene su historia, y *la vida y yo somos dos líneas paralelas que se encuentran en la muerte.*
Heredamos las frustraciones y en el proceso le llamamos *déjà vu.*
Démosle forma humana al desasosiego y al remordimiento, una tierra gris.
Espontánea y seductora. Introvertido y seducido.

Siempre tuyo,

Anónimo

Hungría,

Estas fortalecida a ser soledad.
Imposibilitada a racionalizar el sentimiento.
No todas las preguntas tienen respuesta.

Disolutamente mío,

Anónimo.

NUEVA YORK, 11 DE DICIEMBRE DE 2016

Doble Hungría,

La zozobra es un terreno ondulante lleno de preguntas.
Las noches de los sábados confunden y en los trasfondos
se oyen las risas de los que fingen.
Sería mejor escuchar los gemidos, pero ocultan su idioma.
Me refugio tras una cortina de baño, en el hervor del agua
y la tina donde una vez perduré en la suavidad de unas
manos.
Estoy entre dos ciudades: una me ignora, la otra ya no me conoce.
Hungría, no sé si me estas salvando y me rehúso.

Siempre tuyo,

Anónimo.

Románica Hungría,

En la perspectiva del paisaje hay un cielo púrpura.
Repasé las calles y las avenidas siguiendo el vuelo de las gaviotas.
La ciudad parecía enferma y yo caminaba sobre sus heridas.
La muerte no se notaba y estaba implícita en sus rascacielos.
Languideces y reproches a causa de un romanticismo en coma.
Estoy inmerso en un jardín de coles rojas.

Siempre tuyo,

Anónimo.

Deshabitada Hungría,

Wagner y toda mi ignorancia acerca de la música.

A la salida del tren, me encontré con un compañero de trabajo y caminamos invisibles.

El día de desvivir los malos hábitos era hoy.

Sé que puedo transformarme en gozo, la melancolía es solo un disfraz.

La euforia es un encuentro casual, es un intercambio placentero de palabras.

El sentimiento liberado se hace fuego.

Siempre tuyo,

Anónimo.

Reventada Hungría,

La felicidad es solo un método.

Un día nos salva del otro y así nos vamos, entre azares y aciertos, a quitarle la venda a la muerte.

He pasado el día y comienzo la noche con agrado.

Adelantaré lecturas atrasadas y comeré un rico filete con rodajas de cebolla y tomate.

Pero antes tomaré un baño sin que el erotismo acontezca.

El vapor empaña el espejo, en un reflejo difuso mi cuerpo de treinta y seis años.

Siempre tuyo,

Anónimo.

Caritativa Hungría,

Un hombre frente a los torniquetes de entrada al metro me hace una seña, deslizo mi tarjeta para que pueda ingresar.
En el cruce de aceras un mendigo me estira sus manos mudas. El semáforo cambia a verde y el cielo indica prisa.
Insisto con las coles de jardín, esta vez púrpuras y blancas en dos macetas, decorando el portón de un edificio.
En la mañana la exultación persiste en mi rostro.
¡Qué bueno es caminar con la angustia contenta!

Siempre tuyo,

Anónimo.

Expirada Hungría,

4:30 a.m. Primer y único aviso. Gemido ingrávido. Seis horas de sueño ininterrumpidas.

Sentado en la cama y una oscuridad impura, me quito las medias, es una costumbre dormir con ellas, llego al baño como un hombre desamparado.

Toda aspiración de la humanidad se desvanece en los parpados hinchados.

5:37 a.m. mensaje de la novia de mi amigo turco. Regresaba maravillada del viaje que hicieron por el sur. Me decía que debía ir, mientras yo, en mi mente, dibujaba las próximas horas.

7:30 a.m. Sándwich de bistec y un café (desayuno).

En los quehaceres se diluían las primeras horas, eran una mecánica del cuerpo.

1:16 p.m. Sopa de pollo, limón, picante y agua mineral (almuerzo).

Media hora de lectura. Una siesta y la lluvia pronosticada.

Inflexión del tiempo en el último día del penúltimo mes.

¿Me amarás en diciembre como lo haces en mayo?

Siempre tuyo,

Anónimo.

Terrenal Hungría,

4:49 p.m. Muy tarde para la siesta, muy temprano para distraer el sueño de una noche entera.

Gravedad cero. Vencido y dormitado por hora y media.

Cúbica es un nombre, es una habitación, es un cuerpo adolescente, me recuerda unos pechos planos.

El termostato miente la sensación térmica sofoca, debí graduar el aire acondicionado al máximo de frío.

Todos en algún momento mentimos con la intención de apaciguar la calentura.

¿Cómo me siento? De ánimo imponente y de gusto extasiado por unos labios granate.

Esto que aquí digo habrá de confundirte con dos nombres, pero es su tez la que alumbra el misterio.

Tiene la edad de una de mis hermanas y el nombre de la otra.

Epicúrea, cobijas estrujadas. Estas al otro lado del silencio.

Siempre tuyo,

Anónimo.

Amnésica Hungría,

Hipnótico.
Vuelve el caos del tiempo. Sentimiento lascivo e imágenes persuasivas.
Atado al miedo, temo nuevamente.
Hay una mujer a quien no olvido y si pudiese pedir un deseo, mi petición sería estar a solas con ella frente a los espejos. Él genio permita en mí la ceguera espontánea. Reconocerla palpo a palpo y olerla para corroborar que todo ocurre en las horas vespertinas. Cuando bordeé la noche, la ceguera desaparecerá y en ella me sentiré a salvo. Es tan reiterativo el dolor, es una forma de plagio y está a la par con la escritura.
Si sueñas con el paraíso, existirá.

Siempre tuyo,

Anónimo.

Casta Hungría,

Autoerotismo.
Muralla de pudor, la soledad y los maderos que enmarcan una obra de arte.
Las expectativas generadas con las citas médicas son nulas, son el temor de saber a cabalidad que no morirás de una causa natural.
He adquirido pánico por las enfermedades infecciosas y por las mentales fui dejando el prejuicio. No es lo mismo estar loco, que tener un virus.
Pasé con éxito el examen semestral: colesterol 200mg. al límite.
Tocino frito, papa cocida y café. Seguí al pie de la letra las instrucciones del doctor.
¿Me convienes Hungría? ¿Me convengo?
A cerca de la muerte natural, olvido y soledad son las causas más frecuentes.
Cuán solos están los cementerios, todos esperamos morir de viejos.
Siempre tuyo,
Anónimo.

Nueva York, 20 de diciembre de 2016

Te olfateo Hungría,

Niebla disoluta y caras nuevas.
Vengo de un baile candoroso, huelo a ficción y habito en un castillo.
Palpémonos, hay nubes en un degrade de azules; me siento una gárgola.
Demasiada angustia protegiendo mis dientes.
Me siento desacatado, imprescindible de mí y en la inapropiada forma del razonamiento.
Calculado e insatisfecho, en la normalidad no existe el ocio.
Inconcluso celebré… Ni la forma, ni la concordancia de los hechos.
Hungría, me extraño y no hallo la forma de decírmelo. La melancolía me mira, le sonrío con sentimiento de culpa.
Es pasada la medianoche y no llega el sueño, ni vos, ni yo.
Quiero flores, a esta hora el mundo me es plácido.
Siempre tuyo,   Anónimo.

Compasiva Hungría,

Todo nace de la burocracia del ser.

Lo más anti natura y el reloj de alarma, el baño te recompone, te hace real.

Hay retrasos en la vía férrea. Hay viajes desde un ayer insatisfecho.

Me dijo buenos días y su nombre también. Se disculpó por la tardanza; a viva voz explicó que hasta las siete de la mañana le daban salida en el refugio para personas sin hogar.

Cruzamos un puente de palabras, abrevió su historia, contó sobre una madre que se desempeñaba como furcia.

El muchacho dice haber nacido en Buenos Aires. Llegó a Centroamérica junto con su madre, donde ella le abandonó. Ha crecido solo entre las calles y un bar.

Él continúa buscando su alma y la mía esta prevenida. Te distraigo con mis prontas realidades.

Supongo que el único momento en que la mayoría de la gente piensa en la injusticia es cuando les sucede a ellos.

Por un momento, llegué a sentir lástima, pero era solo acantilado.

Siempre tuyo,

Anónimo.

Amputada Hungría,

                                     Desfasado

Las presciencias no sirvieron de nada.
Vivir es arrastrar esa miseria insondable.
He diseccionado la certidumbre.
Dientes luminosos. La sonrisa es fingida.
En una tienda de antigüedades hallé mi pierna izquierda.

Siempre tuyo,

Anónimo.

Difuminada Hungría,

Me hielan las ganas de ser otro hombre.
Levanto la mirada y hasta las nubes llevan prisa, y aquí en el suelo se oyen los pasos afanosos levantando el polvo.
 Hazme caso, para esos días grises labios rojos, y yo los solicito para el resto del invierno.
Y para esos días que el sol reluce, humectados y al natural.
Ruge un gran motor.
Quiérete, hay días con la suerte echada.

Siempre tuyo,

Anónimo.

Menospreciada Hungría,

¿A quién acudir si Dios nos ha creado como su pasatiempo?

No tengo amigos. Ni soy lo que otros hablan.

La encrucijada es la caricia. El siniestro es la piel helada.

Miro a mi alrededor. No entiendo como la gente elige ser alguien.

Hungría, ¿quién ha elegido por mí?

Siempre tuyo,

Anónimo.

NUEVA YORK, 25 DE DICIEMBRE DE 2016

Curtida Hungría,

Lleguemos a un acuerdo. Fusionarnos es el modo.
Ahora duermo en una cama más grande y menos vacía.
　　　Es navidad. Tu espalda terciopelo.

Siempre tuyo,

Anónimo.

Nueva York, 26 de diciembre de 2016

Insustituible / Sustituible /
Tangible / Intangible /
Hungría / Yo /
Yo / Hungría /
[…] dualidad.

Agotada Hungría,

Tengo hambre y sed de luz.
Heme aquí en la cama imaginando el retorno, aguantando la enfermedad de la espera.
En el cielorraso las ratas vuelan y los murciélagos son ángeles.
Cierta amiga rusa me dijo que le apetece el matrimonio y los niños.
Abrí la puerta, decidí salir. La persecución es repentina.
¡Cómo ha crecido el tiempo sin saber a dónde ir!
Querer quedarse, queriendo irse.

Yo y mi extravío de la dialéctica.
Mi lirismo es una tormenta de polvo y hojas secas.

Siempre tuyo,

Anónimo.

Te llamo mía y me llamo tuyo

SÖREN KIERKEGAARD

ACERCA DEL AUTOR

Adrián Cadavid nació en Medellín, Colombia, 1980.
Poeta y narrador. Radica en los Estados Unidos desde
2009.
Realizó estudios de ingeniería agroindustrial en la
Universidad Pontificia Bolivariana y la Universidad
Nacional de Colombia con sede en Medellín. Ha
participado en recitales y festivales internacionales. Su obra
ha sido traducida al inglés y al rumano. Su poesía aparece
en la antologías *Voces del Vino* (Proyecto Palitachi-Nueva
York Poetry Press 2017) y *Entra-Mar* (Sakura Ediciones,
2019). Forma parte de grupo "Crónica, Palabra y Poesía"
y del colectivo de escritores del programa en línea Tertulias
Literarias de Café de Cantautores Radio de Nueva York.
Es miembro de la Academia Norteamericana de Literatura
Moderna.

ÍNDICE

DICIEMBRE

Colección
MUSEO SALVAJE
Poesía latinoamericana
(Homenaje a Olga Orozco)

Colección
CRUZANDO EL AGUA
Poesía traducida al español
(Homenaje a Sylvia Plath)

1
La luna en la cúspide de mi mano
Lola Koundakjian

.

Colección
PARED CONTIGUA
Poesía española
(Homenaje a María Victoria Atencia)

1
La orilla libre
Pedro Larrea

Colección
LOS PATIOS DEL TIGRE
Nuevas raíces – Nuevos maestros
(Homenaje a Miguel Ángel Bustos)

Colección
SOBREVIVO
Poesía social
(Homenaje a Claribel Alegría)

1
#@nicaragüita
María Palitachi

2
Vendaval
Otoniel Guevara

***

Colección
MEMORIA DE LA FIEBRE
Poesía de género
(Homenaje a Carilda Oliver Labra)

Colección
TRÁNSITO DE FUEGO
Poesía centroamericana y mexicana
(Homenaje a Eunice Odio)

Colección
MUNDO DEL REVÉS
Poesía infantil
(Homenaje a María Elena Walsh)

1
Amor completo como un esqueleto
Minor Arias Uva

Para los que piensan, como Émil Cioran, que *podemos estar orgullosos de lo que hemos hecho, pero deberíamos estarlo mucho más de lo que no hemos hecho. Ese orgullo está por inventar,* este libro se terminó de imprimir en el mes de junio de 2018 en los Estados Unidos de América.